6월의 첫눈

최병식 시집

메타노이아

최병식 작가

- 눌산 문예창작교실 수강
- Super Micro Computer, System Engineer
- Vishay Intertechnology, Director of Engineering
- California State University Northridge,
  Computer Science 전공
- 한양대학교 전자공학 전공
- 이메일 : y20573@yahoo.com

표지그림 **이은경**

글쓴이의 첫 번째 이야기

사랑했었고, 사랑하고, 사랑할
모든 분들과, 것들과, 일들에 이 책을 바칩니다.
삶은 찬란한 사랑이니까, 아픔이니까, 이유니까.
글은 사랑의 짙은 그림자.

목차
Part 01

늦은 시

밤비	10
미아	12
점자	13
관종	15
잘못	16
잘못입니다	17
절망 그리고	18
바보	20
무서움	22
나 죽으면	23
슬픈 날	25
달력과 사랑	26
버스 정류장	27
생명	29
하루살이	30
상실	31
생일	33
주어진 삶	34
삶	35
나	36
비 오는 날	37
늦은 詩	38

목차
Part 02

바람길

동백	40
바람길	41
아침	42
달	43
보름달	45
바다	47
아픈 기억	48
알함브라	49
길 1	50
길 2	51
바람 1	52
바람 2	54
바람 3	55
바람 4	56
바람 5	58
바람 6	60
새벽 1	62
새벽 2	63
장승포 1	64
장승포 2	65
장승포 3	66
커피 1	67
커피 2	68

목차
Part 03

꽃무릇

가을나무	70
나 죽는 날 아침	72
나의 삶	73
눈꽃	74
떡볶이	75
매미	77
꽃무릇 1	79
꽃무릇 2	81
꽃무릇 3	82
가을 시	83
물고기	84
겨울비	85
겨울 산	86
나뭇가지	87
하늘	88
진달래	89
벚꽃	90
수선화	92
노란 꽃	93
망고	94
봄을 보내며	96
노송	97

목차
Part 04

6월의 첫눈

꽃다발	100
벽에 걸린 사랑	101
6월의 첫눈 1	102
6월의 첫눈 2	104
계약 이별	105
덫	106
잊음	107
안개비	108
그날이 오면	109
정	110
안개	111
먼	112
설렘	114
비와 그리움	115
만남	116
낙엽	117
기다림	119
그냥	120
고마워라	121
그대에게	122
봄 마중	123

목차
Part 05

수필

살맛 나는 세상	126
빌어먹는 언어	129
6월의 첫눈	133

추천의 글

140

제1부

늦은 시

6월의 첫눈

최병식 시집

밤 비

비가
어두운 길 홀로 달려와 내 곁에 앉았다
아직도 슬퍼서 (슬픔 가득 안고서)

(밤비는)
성게알 같은 외로움에 갇혀
어두운 눈물을 떨군다

그런 삶이었기에
비는 나를 가두고
나는 비를 가두고

나 아닌 나는
비 오는 밤길에 갈 데가 없어
방을 내어주지 않고
죽은 자처럼 누웠지만
갑자기 일어나 휘젓고 다니면
집은 그의 것이 된다
비 되어 울어야 했다
천둥 되어 소리쳐야 했다

제1부

비는 밤에 내려서 슬프다
덧없이 흐르는 기억이라 슬프다
그렇게 삶은
비와 함께 밤새워 흘러갔다

미아

높은 산을 가보지 못해
깊은 골이 있다는 걸 몰랐습니다
달이 가는 길이
내가 가야 하는 길인 줄 알았고
바람이 눕는 곳이
내가 쉬는 곳인 줄 알았는데
달은 가는 길에서 벗어남이 없고
바람은 뜻도 없이 쉬더이다

황량한 마음 둘 곳이 없어
초점 없는 눈을 허공에 흘려보냅니다
사방은 어두워 추운데
콘크리트 바닥에는 발자국이 찍히지 않아
돌아가는 길을 찾을 수 없었고
나는 옛 곳을 그리워하는
미아가 되었습니다

점자

욕심에 장님이 되어버린 나는
손가락으로 점자를 더듬어야
글을 읽을 수 있었습니다
손으로 만져야 형상을 볼 수 있었습니다
두 팔로 안아야 당신을 느낄 수 있었습니다
그런데 그것조차 읽을 시간이 없었습니다

무심히 지나쳤던 손등에 점자처럼 새겨진
주름 더듬어 세월을 읽어 봅니다
치마 속에 감추어져 야위어버린 다리에 새겨진
고단했던 발자국을 읽어 봅니다

행복은 다가올 때마다
상자에 넣어두었다가
한꺼번에 읽어 보려고
가슴에 담지 못했습니다

병원 하얀 시트 속 숨어있던
당신의 손을 이제야 읽었습니다

눈물은 홍수에 둑 터진 강물처럼 흐르고
마침내 점자를 해독해냈습니다
사랑

관종

누구냐 넌
슬그머니 산등성이 넘어
바쁜 세상 굽어보는 너는

한심하겠지
헛것을 아귀다툼하는 무리
비웃고 있겠지
감싸주지 못하고 사랑을 저버린 것들
오죽하겠냐
소음 속에 파묻혀서
하늘 한번 바라보지 못하는 것들이
대지의 품을 알지 못하고
포효하는 바다 헤아려 볼 수도 없이
어제와 똑같은 오늘

한심하겠지

잘못

　발아래 엎드려 빌고 또 빌었다 길이 없다 했다 환청은 깊은 곳에서 끓어 올라 원성이 되었건만 모두 뒤돌아 앉아 발만 내민 나쁜것들 머리풀어 산발하고 재 뒤집어쓴 아귀다툼을 차가운 심장으로 울어주마 태초를 살아보지도 못한 것들이 태초부터 그랬다고 한다 상관없다 태초란 어차피 내겐 없었으니까 다시는 아무에게도 용서를 구하지 않겠다 기억을 가마에 구워 내봐도 깨진 사금파리와 모래가루 그리고 플라스틱만이 뒹굴어 슬프다 슬픔은 다시 구워 내 봐도 슬픈 걸 어쩌랴 비웃는 웃음을 그만둘 거라고 생각하지 마라 이미 태초랑 짝지어 놓은 건 너희들이었으니 여인의 자궁 속에 있을 때부터 빌었다 그리고 울면서 뒤돌아보지 않고 나와버렸다 나는 자유였다 잘못은 아예 존재하지도 않았다 태초부터

제1부

잘못입니다

밤을 새워서는 안 됩니다
밤은 외로운 구석이니까
마지막에 찾아 나설 구석이니까

울음을 삼키세요
세상은 이미 슬프니까요

사진에 담지 못하는
새벽 놀 더 타올라
끝까지 태울 수만 있다면
잊을 수 있었을 텐데

동백꽃 터지는 가슴을 끌어안아도
뚝뚝 떨어지는 슬픔은
새벽노을 함께 번져 나가고

그래서
가을바람 실린 새벽노을은
잘못입니다
눈물은
가슴 도려내 떨어지는 아픔입니다

절망 그리고

나 모든 것 끊어보려 올랐는데
주절주절 질기게 따라 오른 것들

눈감아 멀리 보내고 싶지만
눈뜨면 다시 옹기종기 모여들어
발길을 멈추게 하네

가던 길 멀리하고
그저 흐르고 싶은데
실타래처럼 얽힌 사연들이
줄레줄레 이어져
나를 목놓아 부르게 하네

아서라
얼마나 더 갈 수 있다고
더 미워하랴
그저 그게 삶인걸

할 수 없는 것 부둥켜안아도
슬픔뿐이고

지난 일 잡느라 손 휘저어 봐도
후회뿐인 것을

이제 다 떨쳐 버린 듯
지금 이 순간 발걸음을 한 발 더 내디뎌 보자

바보

오랜 세월이 귀찮아
육포 말리듯
장작불 옆에 걸어 놓았다
바짝 말려 미이라처럼

관 속에 누운 놈은
분명 나여야 했다

저기 별보다 두 배 긴 거리를
꿀보다 달콤한 가시 밟으며 가야 할 텐데
여기저기 폴짝거리며 뛰어다니는 심장을 끄집어내
목줄하고 검은 페인트칠 했다
밤새워 야윈 서글픔으로
주린 배를 채워야 할 텐데
뜨거워지는 가슴 싸매어 얼려야 한다
아무도 같이 가지 못하는 자갈길을
꽃향기 맡으며 맨발로 혼자 가야 할 텐데
숨 막히도록 찬란한 아름다움에 눈이 멀어
자꾸 눈길 보내는 눈을 철창에 가두었다
제발

경험으로 습득된 지식은 어디로 갔나
산만큼 쌓인 후회를 뒤돌아보지 않고
마음은 벌써 십 리를 갔다
안돼 돌아와

무서움

무서워서 끈을 놓아버린다 끈에 매달린 것들이 무섭다 끈에 매달린 것들은 대부분 무서운 것들
영혼을 갉아먹으려는 것들
갉아 먹은 영혼으로 살찌는 것들
이런 것들은 '것'이라기보다 부유하는 먼지
가벼운 바람에도 날아가 버리는 먼지
날아가 정처 없이 떠도는 먼지
무서움이 먼지를 닮아간다 그런데도 무서움은 날아가지 않는다
앵커를 바다에 깊숙이 처박은 선박처럼 흔들려도 결코 날아감 없는 무서운 먼지의 끈
어제였던가 정확히 기억은 나지 않지만 춥고 바람이 부는 사이로 보일 듯 말듯이 연결되어지는 끈이 보이고 그 끈을 당겨보고 싶었다 마주할 자신은 없었지만 궁금했었고 이미 알 것 같았어도 만져보고 느끼고 확인해 보고 싶었다 두려움과 무서움에 벌벌 떨던 때 마침 찬 바람 불어와 추워서 떠는 것처럼 보였지 먼지라고 외쳤지만 입술이 꼼짝않고 있었고
끈은 아직도 무서움을 달고 있었다

나 죽으면

나 죽으면 활활 태워
재는 변기에 내리지 말고
바다에 뿌려줘

세상 아무 소리도 들리지 않고
미움도 다툼도 시기도 없이
고요한 바닷속에
꼭 가야 할 곳도 없이
물결이 흘러가는 대로
지나게 내버려 둬

나 죽으면 활활 태워
태운 연기 공기 청정기에 가두어
쓰레기통에 버리지 말고
바람 따라 흐르게 내버려 둬

살면서 가보지 못한 곳
여권도 없이 챙길 짐도 마다하고
책임의 굴레 벗어던지고
훌훌 털고 일어나 맘껏 가보려네

재와 연기로 남는 인생
기쁨과 행복 아니런가

슬픈 날

소리쳐 울고 싶지만
하늘이 앞을 가로막고 섰다
고개 숙인 나무들조차 잎 떨구고
응어리진 속맘은 홀로 갇혀
이리저리 방황하는데
아무도 없는 들판에 멍하니

내일은 해가 뜨겠지만
나에게 내일이 올까
내일을 기다리는 것 조차 사치인 것을

소리는 오간 데 없이 숨어버리고
막아선 어느 곳도 차가울 뿐
내 몸 하나 일으켜 세울 용기도 없다

자자 꿈이라도 꾸어야지

달력과 사랑

　날짜가 유령처럼 번지는 달력은 이미 죽은 시간들이다. 지나간 순간들이 숫자로 남고 남은 순간도 숫자로 새겨지고 숫자에 기억을 심어나간다.
　때때로 숫자들은 한꺼번에 몰려와 시간을 덮어버리는데 너는 점점 지쳐간다. 숫자는 0부터 9까지 질서 없는 무한 반복이기에 새로울 것 같지만 진부하기 짝이 없다. 0은 1과 다르다 2와 1은 다르다. 그래도 1이 또 생성되면 같을 수밖에.
　이제 달력을 떼어버리고 사랑을 벽에 걸었다. 사랑은 숫자와 싸우고 숫자는 시간과 싸우고 여기저기 시체가 쌓여갔다. 강물은 흘러가는 길이 보여도 시간은 사랑은 매 순간 멈춰서 갈 길을 잃는다. 다시 달력으로 숨어서 숫자에 매여서 흘러갈까 물어보면 또다시 멈추는 시간이 되어진다.
　달력은 시간을 소유한 양 너를 속이고 시간은 달력에 매달린 양 너를 속이고 사랑은 매달리지도 소유하지도 않은 채 그냥 벽에 붙어 있다. 벽에 물을 주면 꽃을 피울 줄 알았는데 꽃은커녕 잎사귀조차 시간 속에 길을 잃었다.
　너는 상관없다고 외치며 달력을 찾아보지만 이미 시간은 달력과 함께 길을 떠나고 사랑은 갈 길을 잃었다.

버스 정류장

갈 곳 없는 사람들이
버스 정류장 의자에 앉아있다
버스를 기다린다

버스를 타고 가도 갈 곳이 없다
다시 돌아와 같은 곳에 앉을 수밖에
그래도 매일 버스를 기다린다

버스는 항상 오지만
갈 곳 없는 이들에겐 의미가 없다

각자의 손에는 삶의 무게만 한
검은 비닐봉지들이 들려있고
주저리주저리 달린 한숨들이
한가득 담겨 있다
문드러지는 가슴들이
헛헛한 봉지마다 아우성이다

내일도 어제와 같은 하루겠지만
오늘은 또 어찌 살꼬

그래도 다리를 끌고 달래며
또다시 버스 타러 간다

그리고 오는 이를 기다리는 사람도 있다

생명

꽃에 취해 꽃잎 사이 날며
바들바들 떠는 날파리를
죽였습니다

아름다운 꽃들 가운데
죽어가는 시든 꽃이 보기 싫다고
잘라서 버렸습니다

하루가 못내 힘들어
스러져간 앳된 생명에게
아무런 도움도 주지 못했습니다

그러면서 저는
진정한 나를 찾는다며
오늘을 당당하게 살았습니다

그래서 겨울엔 겨울비가 옵니다

하루살이

보기 흉하게 날아다녀도 그대로 둬라
눈앞에 날아다녀 귀찮아도 그대로 둬라
집도 없이 절도 없이
내일이면 죽을 텐데

음식에 앉았다고 쫓지 마라
먹어봐야 얼마나 축낸다고
배고픈 손님에게 야박할 거냐
그들의 삶에서 마지막 식사일 텐데

어차피 우리 모두
귀중한 오늘을 내일에 팔아먹고 사는
하루살이가 아니던가

그래도 그들은 오늘이 마지막인 걸 알기에
혼자 먹겠다고 물고 뜯고 싸우지도 않고
서로 잘났다고 내세우지도 않잖아

상실

겨울비 치럭치럭 내리는
아무도 없는 새벽길
개 한 마리 짖고 지나간다
혼자 길에 내팽개쳐져 걷는 걸음걸음

헝클어진 머리에
차가운 빗방울 흘러내리고
진흙 바닥에 발자국 이리저리
하얀 소복 치마 밑단은
진흙으로 뒤덮였다

십여 년 살 맞대고 살아온 그이는
다른 여자와 눈이 맞았고
모든 것은 죽었다

가슴은 진창에 뒹굴고
세상의 기둥은 하나씩 뽑혀 무너져 가는데
날아야 한다고 했다
미친 것들

지금 따스한 물 한 모금 주는 이 있으면
모든 것 내어주련만
겨울비 오는데
따스한 한마디 건네는 이 없어
스러져간다

생일

한 살 더 많아졌다고
일 년 더 늙었다고
안타까워 말아
일 년이 갑자기 나타난 게 아냐

그저 시간의 흐름 속에
한 날일 뿐일 걸
흘러간 날은 흘러간 대로 두자
더 이상 잡을 수도 없으니
내일은 아직 오지 않았어
절대 오지 않는 날이 내일이야

그래도 행복한 건
지금 발 디딘 이곳이 너의 출발이고
지금 이 순간이 남은 인생 중 가장 젊은 날인 걸

우리의 젊음을 위해 축배를

지나간 모든 것 뒤로 하고
오늘 새로 시작하는 너
축하합니다

주어진 삶

부끄럽다 살아있는 게
내가 무엇이관대
햇살 속을 걸어가고 있는가

눈물과 고통 속에
스러져가는 영혼들에게
깨끗한 마음 한 자락을 위해
삶을 포기하는 이들에게
난 누구인가

돌 틈에 피어난 난쟁이 꽃
애써 외면해야 했던 그날

쓰디쓴 독주를 마셨다
불만의 그림자를 떨치지 못하고

조금만 더 웃어 줄 것을

사랑이 아파
또 한번 부끄러웠다

삶

꽃은 피어야 꽃이다
꽃은 피어야 아름답다
꽃잎은 떨어져 별이 되고
별빛 속에 숨은 그대 웃음은
바람이어라

피는 꽃이 아름다우면
지는 꽃도 아름다울 수밖에 없다
꽃이 지면 꽃 영혼이 피어난다
지는 꽃은 영혼이 더 아름다우니까
육체는 피어서 아름다운 영혼을 만들고
영혼은 푸른 하늘에 구름 되어 흐르네

삶이 아파도 슬퍼하지 마라
다음 세상은 영혼이 익어
풍성한 아름다움들이 모인 세상일 테니
오늘 우리 그런 삶을 연습하자

나

그래
이 순간만큼은
아니 오늘만큼은
나를 안아 주자
그동안 힘들게 나에게도 외면받던 나
따뜻하게 안아 주고 어깨 토닥여 줄게
실수도 있었지만 잘했다고 추켜줄게
지나간 것은 되돌릴 수 없어
넌 최선을 다 한 거야
잘했어

하늘이 날 외면해도
모든 사람이 고개 돌려도
나를 아는 이는 나 뿐인걸
나는 너를 있는 그대로 받아들일께
넌 나에게 특별하지 않아도 돼
잘 보이려고 꾸미지도 마
그냥 그대로가 좋으니까

힘들었지?
그래
지금은 나를 꼬옥 안아줄게

비 오는 날

번개 친다고
아이야 무서워 마라
나이 들면 지난 세월이
번개 치듯 지나가니까

천둥 친다고
아이야 울지 마라
나이 들면 지나간 세월 후
다가오는 후회가
천둥처럼 마음을 흔들 테니

때가 되면
초점 없는 눈으로
비 맞고 서 있는 너를 보게 될 거야
해가 떠도
무시로 천둥이 칠 테니까

아이야
그런 슬픈 눈으로
인생이 무엇이냐고 묻지 마라
그저 하늘을 보려무나

늦은 詩

바다는 해를 품을 수 없어
산산조각 내었습니다
나도 시를 쓸 수 없어
끄적거린 詩語들을
모두 찢어 버렸습니다

그런데 어느날 詩語들이 하나씩 되살아나
날아가기도 하고 뛰어가기도 하다가
슬그머니 내 옆자리를 차지하고 앉았습니다

가슴이 설레어 옵니다

계절의 마지막 꽃을 피울 수 있을까요
젊음은 계절과 함께 다 지나갔는데
푸르름의 조각들을 눈물로 씻어
하나 둘 맞춰갑니다

그래도 바다에 쓴 글씨가 푸르니
나도 푸르러지겠지요

제2부

바람길

동백

동백은 눈물이다
시들어 떨어지는 꽃들 대신 울어주는
아름다움이다

꽃의 귀한 자태
나무에 매달려 시들어짐을 허락할 수 없어
가장 찬란할 때 떨어진다

떨어져서도 그 아름다움 간직하려
자신을 포기하는 삶

친구야
같이 부둥켜안고 울어줄 수 없다면
떨어진 동백꽃 밟고 지나지 마라
그들은 땅에 떨어진 게 아니라
땅에서도 자신을 피워내려고 일어선 것이니

너는 얼마나 너의 아름다움을 위해
너를 떨어뜨려 보았니

동백은 시들어 떨어짐에 대한 저항이다
계절에 대한 반항이다

바람길

하늘이 나지막이 내려앉아
끝 모를 대지를 감싸 안으면

난
눈을 감고 거침없이 지나는
바람 한 점 따라가 본다
아무런 막힘 없이
갈 곳도 정함 없이
가다가는 나뭇가지 끝 매달리고
들판 홀로 핀 꽃송이 둘러지나
산허리 휘감아 보지만

오늘도 손에 잡은 것 없이
발 내려 대지에 내딛지도 않은 채
그저 황망히 내달려도
꿈처럼 행복하여라

아침

새벽공기가 그립다
동녘에 자라나는 물푸레나무
풀잎 이슬 모아 한 모금 감로수
새로움이 시작되는
아침을 기다린다

나
아침을 사무치게 기다림은
밤이 무섭고 추워서가 아니다
지나간 하루가 싫어서도 아니다

사위는 달빛도
스러지는 별빛조차
아무런 의미가 없다
아침을 걸러도
설렘으로 가득 찰 테니

오늘은
새벽노을 없어도 행복한 날
아침 같은 그대를 만나는 날이다

달

그렇게 아름다운 자태로
창 앞에 턱 괴고 앉았으면
나 어찌 잠들라고

방 안 가득한 달빛
두 손 모아 곱게 담아 올리면
손가락 사이로 뚝뚝 떨어져
가슴에 맺히네

너와 같이 품었던 떨리는 이 빛의 향연을
오늘은 나 혼자 보는구나

달빛은 끝없이 담아 올려도
빈자리 없는데
내 마음은 그대로 두어도
빈자리가 슬프다

밤새워
흰 달빛 조금씩 병에 담아
너에게 보낼게

뚜껑 열어 하얀 빛 보이거든
그건 너를 향한 내 마음
따뜻한 빛 온몸에 느끼거든
그건 내 손길
밤의 소리 들리거든
너에게 하고픈 말

보름달

나
너 그리워
밤을 떨쳐 찾아 나섰네

너를 위해 밤바다에
달빛이 깔아놓은
주단 위를 걸어올까
바다 끝까지 갔었지

너의 노래 들리는
풀벌레 이야기 소리 들으며
숲속을 헤매었지

두견은 나를 불러
너 있는 곳을 알려줘
두견 소리 들으며 바람을 좇아 갔지

밤새워 이리저리 헤매다
지친 몸 이끌고 집에 와 보니

그대
주단 즈려밟고 풀벌레 소리 함께
바람처럼 창을 넘어 들어와
내 가슴에 터질듯 가득 찼네

보름달 닮은 너처럼

바다

비가 아무리 퍼부어도
바다는 절대 불어나지 않는다
바람이 미친 듯이 치받아도
자고 나면 아무렇지 않게 누워있다
바다는 웃지 않는다
웃지 않아도 행복하니까
그런 바다도
부끄러워 안개 속으로 숨을 때가 있다

아픈 기억

가을빛 드리워진 숲에
바다가 살고있다
얼음보다 차가운 바다는
늘 내 곁에 맴돌고 있는데
나는 숲을 떠나지 못한다

바다는 넓고 깊어 숨을 쉴 수 없어
숲에서 떠나야 하는데
가끔 자주 풍랑이 몰아치고
감당 못 할 집채만 한 파도가 나를 삼킨다

바다가 간직한 처참한 기억들

가을이 가슴에 비수로 박히면
슬픔이 저녁노을 붉은 빛으로
눈가에 흘러내린다

어쩌나

알함브라

너의 아름다운 춤사위에
넋을 잃고 따라 했었네
벗은 몸 별빛으로 감싸고
푹푹 빠지는 달빛 밟으며

발과 다리
팔과 몸짓
미끄러지듯 튀어 달아나며
닿는 자리마다 피어나는 꽃
터져 오르는 가슴

오늘 밤
달빛 아래 별빛 아래 행복에 겨워
그대와 춤을 추려니
발도 다리도 몸조차 남이네
가슴속 아름다움만 남아
눈물조차 사치인 것을

달이 기운다

길 1

친구야
우리 이 길을 걸어보자
내비가 보여준 길은
낙엽 밟을때 바스락 거리는 소리도 없고
놀란 다람쥐 뛰지도 않고
호젓한 길 둘이 걸을 때 오가는
따뜻한 마음마저 말라버린 길 뿐이야

수풀 우거진 오솔길은
수많은 따스한 이야기들 펼쳐 놓고
발자욱마다 피어나는 아스라한 기억들

길이 어디로 이어지든 상관 없어
가다보면 흐르는 냇물에 발 담그고
새들 지저귐에 젖어가며
숲이 끝나면 가슴에 하늘을 담고

친구야 우리 이 길을 걸어보자

길 2

앞도 뒤도 보이지 않는다
사방이 막힌 것 처럼
손을 뻗어 잡을 것도 없이
단지 내 발끝만 보일 뿐
새들도 갈 길을 잃고 숨어버린 길

이제서야
숲의 소곤거리는 소리가 들린다
길을 찾을 필요도
길을 잃을 걱정도 없이
아니 아예 길이 필요 없는
그들만의 속삭임

난
얼마나 오랫동안 걸어왔던가
애써 길을 찾아서
내가 서 있는 바로 이 자리가
나의 삶인 것을

바람 1

편히 들어오시라
맞 창문 열어 놓았네
햇볕에 놀랄까 발도 쳤는데
겨우내 불던 바람 어디 가셨나
기다리는 마음 모아 부채 부쳐도
바라는 바람 간데없고 속절없이 땀만 흐르네

잠시 머물다 가시라
대문 활짝 열어젖히고
그대 좋아하던 수박화채 준비해 평상에 앉았건만
무심한 바람 아니 오시고
목놓아 그대 부르는
매미 소리만 허공에 울리네

그대 아니 오시면
나 그대 찾아 나서야겠소
자취 한 조각 남겨 놓으시면 쉽게 찾아가련만
온갖 데 다니면서 자국 하나 없으니
나를 생각하기는 하는지요

나 아직 그대 기다려
문지방에 턱 괴고 앉았으니
온종일 다니다가
쪽빛 바다 멀리 저녁노을 지면
미안해하지 말고 들러 주시구려

바람 2

오마
소식 없이 왔다가
가마
뜬금없이 가는구려

잡아둘 밧줄 하나 있으면 좋으련만
가두어둘 울타리라도 쳐 둘 것을
내 빈 마음 가득 채운 그대 숨결은
오셨을 때 처럼 따뜻한데
가시는 걸음 너무 가볍구려

하룻밤도 머물지 못하시면
왜 오셨소
하세월 기다림에 지친 가슴
한 번만 안아 주시고 가시면
눈물 아니 흘려도 될 텐데

돌아나가시는 길에
발자국이라도 남기시면
맨발로 따라나설 텐데
사무치는 그리움만 남기고 떠나시면
오늘 밤은 또 어찌 새울꼬

바람 3

그대는
허락도 없이 들어왔다가
흔적도 없이 가버리는가
이다지도 거침없으면
내 맘 어느 곳을 비워내 드릴까

그래도
안 오심보다 나으니
괘념치 말고 오소

아무 말 없이
한번 휘둘러보고 가도
눈 한번 마주침 없이 비껴 지나도
가슴속 자박자박 쌓인 그대

먼발치 오는 소리 들리면
까치발 하고 기다립니다

바람 4

오신 걸음 기쁘시라
솔잎 담은 술에
구구절절 구절판 준비했는데
가신다니요
그대 향한 애달픈 마음
눈길 한번 주고 가십시오

머물기 싫으시면
보내 드리지요
보내드린다고 가시고
머물러 달라고 머무시진 않겠지만

바쁜 걸음
다시 떠나야 한다면
시린 가슴에 품어 안을
마음 한 조각 남겨 주소서

텅 빈 벌판 끝
서럽고 슬픈 기다림에
총총한 별빛 끌어안고

눈썹달 함께 스러지면

다시 만날 날 기다리며
그대 향한 내 마음 엮어
꽃으로 피어 있으리

바람 5

이제야 그대를 조금 알 것 같습니다
뜬금없이 오셨다가
황망히 떠나시는 텅 빈 뒷모습

머물다 가실줄 알았는데
뒷모습만 보이는 세월이
그렇게 지나더군요
흰머리 깊은 주름이
그대처럼 뜬금없이 오더이다

고단한 인생살이
뭔가 잡은 줄 알았는데
잡은 듯 잡히지 않고
그대처럼 황망히 가더이다

그대 마음 젊어서 알지 못하고
총총히 떠나시는 문전에 뒤돌아서서 웁니다

이제 가던 길 거리낌 없이 가소서
나도 내 갈 길 가려 하오

그대처럼 빈손으로 가야 하는 길
그대처럼 거리낌 없이 가겠습니다

서러운 저녁노을 등에 지고
가을바람이 분다
나도 점점 낙엽 빛 가을이 된다

바람 6

따스한 한줄기 바람
발자욱 소리도 없이
그대를 불러 내게로 왔다
나를 감싸는 그대의 숨결

아득한 시간 전부터
불어오던 그리움

한줄기 한줄기마다
숨겨놓은 향기로 다가오는
그대 모습

물의 여울처럼
한 번만 돌아나가 준다면
오늘만 살아도 행복할 텐데

스치는 환영 속에
가슴 내밀어 다가서 보지만
두 팔 벌려 막아서도 머무름 없이
끝자락 붙들어도 가야만 하는 그대

제2부

어디로 가는가
사무치는 그리움 안고
간절했던 나의 바람은
바람처럼 스러져 간다
그대는 한줄기 바람이어라

새벽 1

밤새 숨어있던 새벽이
내게 성큼 다가와 섰고
영원으로 이어지는 시간들이
붉음으로 덧칠하는데
당신이 쓸어 갈 바다는
어둠 속에서도 침묵을 삼키며 기다렸습니다

어제 주어진 하루는 구겨서 버렸지만
당신과 마주하는 순간
가슴이 미어집니다

또 한 번
영원의 한 조각이 내게 와서
또 한 번
사랑할 수 있는 하루가
어둠 속에 피어납니다
순간으로 이어지는 영원이 있어
나는 당신을 사랑할 수 있습니다

오늘도
뛰는 가슴을 묶어 둘 수가 없습니다

새벽 2

부끄럽지 않아도 될 하루인데
동녘 바다 얼굴 붉히며 시작됩니다

모두에게 주어지는 하루이건만
이 새벽이 내게는 감동입니다
가슴 벅찬 하루가
당신을 기다리듯
기다리고 있기 때문입니다

당신은
늘 같은 자리를 붉게 서성입니다

말이 없어도
웃지 않아도
늘 같은 자리 서성이는 그대가 고맙습니다

부끄러운 듯 수줍게 피어나는
당신의 모습

하루

장승포 1

바다가 그리웠던 산은
쪽빛 물속으로 텀벙 발을 담그고
나른한 오후에 누웠는데
무심한 갈매기는 오르락내리락
물 위에 노닌다

영원에서 영원으로 이어지는 바다는
시간에 묶이지 않고
수많은 꿈과 기억을 한껏 담아낸다

푸르른 솔가지에 멈칫거리다
옥빛 바닷물에 녹아 내리면
나도 함께 영원으로 빠져드는데
오늘 하루만큼은 모든 걸 잊고
지금 이 순간만 영원하여라

모든 걸 버린 지금
바다와 함께
더 이상 행복할 수 없을 만큼
행복 합니다

장승포 2

물길 돌아나가는 어귀에
빨간 등대 하나
바닷바람 한껏 불어도
흘러가는 하얀 구름 한 점
외로운 바다 지키고 있네

하루종일 아무 말 없어도
수수한 바다 색깔로 채색된
수많은 이야기 간직하고
오래전부터 기다렸던
퇴색된 언어들을 풀어내는데

밤하늘 한 줄기 빛으로
다 모아서 말해 주려나

장승포 3

바다는 꾸밈이 없어서 좋다
아니 꾸밀 수가 없다
오랜 태초부터 그냥 그대로
아무도 거역할 수가 없다

바다는 변함이 없다
가끔 외로움에
몸부림치기도 하지만
언제 그랬냐는 듯이
그냥 다시 있다

바다는 절대 웃지 않는다
웃음기 없어도 행복하기에
아마
세상 어떤 것도 품을 수 있어서
행복할 거야

커피 1

난
오늘 저녁
당신과 커피 한잔 마실래
커피 향기 잔잔히 흘러넘치는
부엌 뒤로 하고 뒤뜰로 나가고 싶어

아무 소리 들리지 않고
아무것도 보이지 않고
당신과 나만 있는 공간의 세상에 묻혀

제멋대로 날아다니는 재즈의 음표들과
조용한 숲의 꿈들이 내려앉은 뒤뜰에

커피가 다 식을 때까지 한마디 없어도
난 행복하여라

커피 2

길고 험한 삶의 모퉁이 지나
숨 가쁘게 달려온
지난날들 뒤로하고

이제 몸서리치게 아름다운
저녁노을 함께
고즈넉한 뜨락에 앉아
커피를 마주한다

아무거나 걸친들 어떠랴
아니 아무것도 입지 않으면 어떠랴
이젠 모두 지나간 것을
눈물조차 아름다운 것을

난
이 시간
따뜻한 커피 한잔 마셔도 괜찮아

제3부

꽃무릇

가을나무

내일
살을 에는 겨울 삭풍 불어와
서글픈 삶이 말려 날아가도
아무도 눈길조차 주지않는
휑하니 남은 가지만 허무해도
오늘
삶의 가장 화려한 단풍으로
치장하렵니다

내일
견딜 수 없는 이별의 아픔이 다가와
눈물로 낙엽을 떨군다 해도
오늘
당신을 두 눈에 가득 담고
가슴 부푼 하루로 살고 싶습니다

아무것도 남을 것 없는 삶이
허허롭게 다가오겠지요
발밑까지 다가온 버려진 시간들이
슬프겠지요

제3부

그래도
난 오늘을
가슴 뜨겁게 마주하고 싶습니다
당신이 있기에
당신은 나의 가장 찬란한 마지막이기에

나 죽는 날 아침

나 죽는 날 아침에는
아무도 울거나 슬퍼하지 않았으면
좋겠다

난 눈이 시리도록 부서지는
태양의 빗살 사이로
끝이 보이지 않는 파란 하늘 속으로
더 이상 호흡이 필요 없는 상큼한 공간에
가슴 깊이 와 닿는 사람과 함께
자유로이 훨훨 누워 있을 테니
땅에도 바다에도 하늘에도 마음대로
아무런 걱정도 슬픔도 노여움도 없이

다음 세상이 있어도 없어도 상관없어
더 이상 다른 세상이 필요 없을 만큼
모든 걸 보고 느꼈으니까

난 죽는 날 아침 행복할 거야

나의 삶

물처럼 살아가려고요
흐르기도 하고
고이기도 하고
낭떠러지 만나도 주저없이
뛰어내리기도 하고
가는 길이 막히면
여울처럼 돌아 나가기도 하고
넘어가기도 하려고요

막연히 주저앉아
나를 원망하지 않을 겁니다

눈꽃

사무치는 그리움 엮어
꽃송이 하나 내려 했네
찬 세월이 어찌 그리 원망인지

타는 가슴 붉음으로 내지 못해
가지마다 겨울 삭풍
울음으로 덮었지만

북받친 설움 목에 차올라
말 한마디 내지 못하고
먼 산만 끌어 안았네

하늘이 내린 사랑
순백으로 피어난 그대여

떡볶이

떡볶이만큼 쉽게 만드는 음식이 있으랴
인생이 떡볶이만큼 쉬우면 좋으련만
칠십 평생 세월이 손 주름에 맺힌다

삶처럼 매운
고추장 버무리고
손주들처럼 싱그러운
대파 숭덩숭덩 썰어 넣어
마을 아낙네처럼 수더분한
마늘 다져 섞어주면
주인 할머니처럼 구수한
어묵 넣을 차례다

가래떡 아낌없이 넣어 끓이면
발그레해진 가래떡이 이쁘다

날 잡아 잡수

떡볶이 앞을 아이들이 깔깔거리고 지나간다
아이들 웃음소리는

쉬운 떡볶이 냄새 함께
할머니 미소 옆에 앉는다

봄이 지척에 와 있다

매미

숲에서 매미가 울어도
아이들은 매미채 둘러메고
매미 잡으러 가지 않는다

들판에 잠자리가 떼로 날아다녀도
아이들은 잠자리채 둘러메고
잠자리 잡으러 가지 않는다

매미가 왜 우는지
잠자리가 왜 날아다니는지
궁금하지 않다
친구 하려고도 않는다

언젠가
매미 울음소리 없어지고
잠자리 날지 않아도
아이들은 슬퍼하지 않을 거다
손에 든 화면 속에 모든 게 있다
가짜의 세계가

매미는 점점 슬퍼지고
잠자리는 점점 힘을 잃어가고
지구는 점점 뜨거워지는데
화면 속 세계는 재미있기만 하다

하늘에
먹장구름 한 조각 걸려 비를 뿌리고
나 혼자 슬프다

꽃무릇 1

여름날 동안
자지러지는 풀벌레 소리 함께
누워 하늘 보며

황량한 들판에
부서져 내리는 별빛
가슴에 새기고
속삭이는 바람 소리 삼키며
꿈속을 홀로 방황하다 깨어보니

저무는 햇살 아래
가을빛 가을바람 나뭇잎에 올라

잎사귀 채 만들지도 못하고
서둘러 꽃부터 피웠네

하늘이시여
여름 끝의 한 자락만이라도
제게 허락해 주소서
잎사귀 하나 돋아낼 수 있도록

낙엽 지기 전에
내 남은 숨결 모두어
마지막 시 한 조각 피워낼 수 있도록

꽃무릇 2

난
너를 보면서 운다
뭐가 그리 그리워서
목만 길게 빼고
잎사귀도 내기 전에
꽃부터 피웠을까

사위어가는 한줄기 여름 바람
야속한 시간은 멈춤이 없어
저녁놀 늦도록 기다리는데
기다림은 기다림을 낳고

아름다운 자태 꾸몄지만
가슴은 허공에 걸려
잎사귀를 피울 거나 말거나
목만 길어지네

쥐어짜며 흐르는 그리움
어찌할꼬
내 그대 곁에
길게 뽑은 가슴 부둥켜안고
함께 밤새워 울고 싶네

꽃무릇 3

소리 갇힌 긴 목

목 찢어 소리쳐도
바스러진 갇힌 소리

수천 번 피를 토해
소리 없이 붉어진 얼굴

소리 쌓아 올린 돌탑
얹고 또 얹어도
닫힌 하늘

꽃잎마다 소리 맺힌 붉은 돌

바람 잡아 덫에 가두어
소리 묻혀 보내려네

들리지 않는 소리들

가을 시

호수처럼 잔잔한 장승포 포구에는
물속이 갑갑해진 물고기가
가끔씩
물 위로 튀어 오른다

애잔한 내 가슴에도
시어(詩語)가 튀어 올라
계절을 엮을 수 있다면
나를 다 내어주어도 좋을 텐데

바닷가에 망연히 앉은
스산한 빛만 애처롭다

오늘도
발끝에 차이는 낙엽은
떨어지는 눈물방울로
밧줄을 꼬아
그저 외로움을 엮고 있다

가을이다

물고기

반짝이는 비늘이 바다를 덮어
바다는 커다란 물고기가 되어져간다
설거지는 쌓여만 가고 물고기만 바라보고있다

물고기는 예쁜 핀을 꽂은 채
환한 미소로 사랑스러워지고
나는 물고기와 춤을 추고 싶어
먼바다로
화려한 조명 밝히는 넓디넓은 무대로
같이 춤추며 나가면 행복할 텐데

큰 물고기 일어나 나를 삼키면
그대 품 안에 편히 잠들 수 있을까
아니면 목에 걸린 가시처럼
아픔을 줄까

쓸데없는 생각 말고
설거지나 마쳐야겠다

겨울비

눈 되지 못한
비의 아쉬움이 남아
차가운 대지를 끌어안는다

어디로 흘러가야 하나
내 마음 대지 따라 흩어져
겨울비를 맞고 있다

꽃망울 하나 피워내지 못하고
푸르름 한 조각 틔워주지 못한 채
흘러가야 하는 아쉬움이
우두커니 길 한가운데 서서
차가운 비를 맞고 있다

창에 비치는 세상은
빗줄기에 허물어져
바다도 하늘도 구름도
의미 없는 하나로 되어가고

겨울인데
아직도 쓸쓸한 겨울인데
아쉬움이 내린다

겨울 산

한두 송이 내리던 눈발이
점점 많아지고
추운 겨울 산 벌거벗은 나무들
하나둘 포근한 솜이불로 덮여

천지는 고요한 가쁜 숨 몰아쉬고
가슴은 따뜻해지고 있는데
서로의 눈은 산속 호수가 되어
눈꽃 송이 담아
아름다운 동화 이야기를 들려줍니다

하늘과 산이 하나 되고
산과 들이 하나 되고
들과 나무가 하나 되고
우리도 하나가 되었습니다

밤은 새록새록 깊어져 가는데
둘의 사랑도
함박눈처럼 쌓여 갑니다

겨울 산이 이토록 따스한 줄
이제야 알았습니다

나뭇가지

바람 불면
나뭇가지 이리저리 기대어 보지만
바람 지나면 결국 혼자

동녘 하늘 휘영청 달 밝으면
달이나 가지에 걸어둘까
지나가는 무심한 흰 구름
가지에 걸쳐 보아도
아쉬움 미련 없이 떠나가네

허공에 새 한 마리
가지에 앉아 주면 좋으련만

하늘

하늘이 산마루 걸터앉아
나지막이 흐르는 구름 바라보면
점점이 박힌 새들도 따라서 흐른다

오지 않을 그날이 아직도 그리운데
갈 수 없는 그 길이 멀기만 한데
가슴에서 터져 나오는 한의 소리들

이젠 훌훌 털고 일어나
아무 일 없었던 것 처럼
다시 가야 하지만
내려앉은 하늘 나를 붙드네

어느새 구름 산허리 감돌고
새들도 나뭇가지 찾아가는데
아직도 산허리 부여잡고
울고 앉았다

진달래

누가 뜻을 품어
산하 가로질러 꽃을 펼쳤나

차갑고 메마른 땅 위에
분노로 얼룩진 쓰라린 가슴 감싸 안으려
진달래꽃 흩뿌렸네

그대 가슴 어둠의 바다
검은 파도 넘실거려도

장엄한 새벽이 곧 오면
흐드러진 꽃잎 찬란히 빛나리니

몸은 어두운 골짜기 웅크려도
두 눈 부릅뜨고
진실의 날개를 활짝 펼치자
조금이라도 수치심 들거든
털어버려라 번지지 않게

아무도 막지 못할 그 뜻
진달래꽃 창연히 펼쳐진 새벽을 위해

벚꽃

잎보다 먼저 아름다운 꽃으로
터져 나올 수밖에 없었습니다
가슴 벅찬 기쁨을
더 이상 감추어 둘 수 없었습니다

뿌리보다 먼저 화려한 꽃으로
터져 나올 수밖에 없었습니다
가슴 저린 사랑을
소담한 봉오리로 화사한 꽃잎으로
그대에게 바치고 싶었습니다

어둠 속 차가운 겨울
숨죽이며 그대를 기다렸기에
가두어 둘 수 없었고
불꽃 터지듯 터져 나왔습니다

제 가슴처럼
봄바람으로 파르르 떠는 꽃잎에
귀 기울여 보십시오
얼마나 그리워했던가를

제3부

이젠 제 삶을
그대와 함께하는 시간 아니면
그대를 그리워하는 시간만으로 채우고 있습니다

봄입니다

수선화

겨우내 차가운 흙 속 견뎌낸
당신의 발 꺼내어
내 따뜻한 가슴으로 씻겨주고 싶어
발가락 사이사이 내 손가락 넣어
터질듯한 가슴으로

세월의 무게 견뎌낸 가녀린 어깨
이제 토닥여 줄게

얼굴 주름 하나하나에 이야기 심어
아무도 돌봄 없는 허허로운 정원에
새싹 키워내 꽃을 피웠네
혹독한 세월

오늘도 대문 열면
봄 향기로 날 기다리는
수선화 같은 당신

여보

노란 꽃

잎사귀 하나 없이
곧게 하늘 향해 들어 올린
노란 들꽃 하나
해 맑은 얼굴로 해바라기한다

누굴 기다리는 걸까
아무도 찾지 않는
아무도 없는 들판 위에
혼자 미소 머금고 있다

눈 시린 파란 도화지 위에
새하얀 구름 점점
가슴 벅찬 꿈을 숨 쉬며
지나는 바람 속에
너무 행복하다

망고

망고가 익어 갑니다
물도 햇볕도 바람도 없이
혼자 새록새록 익어 갑니다

세월은 잡을 수 없고
아침을 묶어둘 수 없고
사랑을 얼릴 수 없고
망고가 익는 것은
막을 수가 없습니다

매일 매 순간
마음속 깊은 곳에
달콤함이 가득 차고
가슴이 설렙니다

그저 며칠 두었을 뿐인데
그대의 입맞춤과 함께
행복한 웃음이 망고 향으로
방 안 가득 차는군요

제3부

망고가 익었습니다
이제 오십시오
그대에게 드릴 때가 되었습니다
내 모든 걸 아낌없이 내어 드리지요
나는 당신만을 위한 망고입니다

봄을 보내며

주절거리며 창에 흘러
봄이 가고 있네

아쉬우면 처음부터 오지 말든지
맘 설레게 해 놓고 창에 매달리면
난들 어쩌겠는가

피워낸 꽃잎 한 움큼
눈에 밟히면
차라리 그것마저 가져가든가

실바람에 파르르 떨며
아껴 피워낸 날들이
가슴속 파고들어와 안겨
떠나보낼 수가 없네

향기라도 없으면
모른 체 돌아서련만

그래도 잡을 수 없는 그대
그대 있어 행복했었다

노송

구부러져 용트림한 가지마다
천년을 머금어
언덕바지 홀로 지켜온
무심한 세월

가지 사이 걸쳐놓은 흰 구름 한 조각
파아란 하늘 한 줌 향해
가슴속 가득 담아 눌러온
하늘 향한 그리움

거칠어진 나뭇등걸 기대어
귀 기울여 보면
수많은 이야기들 속에 깃든
따스한 햇볕
발밑 잡풀들이 어찌 알랴

어디서 와서 어디로 가는지도 모르는
바람 스쳐도
한세월 지켜온 그 자리

그래도
세월은 혼자되는 연습의 과정

제4부

6월의 첫눈

최병식 시집

꽃다발

입술만 닿아도 허물어져 버리는 사랑은
점점 말라가는 들꽃 한 묶음 되어
한쪽 벽에 덩그러니 걸렸습니다

기나긴 여름 푸르름으로 아프더니
이제는 그리움으로 목마릅니다

많은 웃음이 꽃향기 따라 머물렀죠
많은 울음이 꽃잎 따라 흘렀죠

꽃잎도 꽃향기도 세월에 숨어 가버리고
기나긴 밤 가로등 불빛만 세고 있습니다

한 번만 더
손 내밀어 주면 좋으련만
겨울바람만 가슴에 울며 갑니다

벽에 걸린 사랑

바람이 불어왔고
그대 향한 사랑 벽에 걸었네
혹시 모르고 지나칠까 봐

나지막이 깔린 침묵에
바닥에 뿌려놓았네
혹시 밟을 때마다 소리치는
외로움 들어 줄까 봐

시들어가는 꽃잎은
벽에 매달려 기다리는 외로움

손 한번 잡아주지 않는 사랑
가슴속 터져 나오는
그리운 손들이 슬픈 울음들이 벽을 타고 오른다

바람은 부딪히고 갈라져
붉게 애원하건만
벽에 걸린 사랑은 혼자
차가운 벽에 기대어 매달려 있다

6월의 첫눈 1

네가 그랬지 첫사랑은 첫눈 같아서
쉽게 녹아 없어진다고
그런데 어쩌지
아름답던 첫눈은
따스했던 첫눈은 내 가슴에 남아
너의 미소로 내 눈에
너의 목소리로 내 귀에 남아 있는데
비가 내려도 바람이 불어도
난 첫눈을 맞고 서 있네

네가 그랬지 첫사랑은 첫눈 같아서
쉽게 녹아 없어진다고
그런데 어쩌지
술잔에 떨어지는 첫눈은
눈물 되어 흐르고
수많은 사람 지나쳐 걸어도
내 발자국마다 첫눈이 밟히네

아득한 그날들이 지나도
힘든 하루가 지나도

제4부

6월의 눈부신 햇살 사이로
첫눈은 오늘도
온 세상에 내리네

6월의 첫눈 2

6월에 핀 꽃은 화려하다
눈이 부시게 화려하다
햇살로 치장한 모습은
마주치고 싶지 않은
웨딩드레스 차림의 신부

수많은 기억 파도 밀려와
가슴이 파르르 떨린다
데이지꽃과 함께
바람에 일렁이는 그녀의 미소

심장에 박혀 있어
죽을 때까지 외면할 수 없는
첫사랑의 굴레

6월에 핀 흰 꽃은
첫눈이라서 잔인하다

계약 이별

분명 다시 돌아온다고 했다

바다가 아무렇지 않게
휑하니 구멍 뚫린 시린 가슴을
발톱으로 할퀴며 지나간다

겨우 피어난 꽃 한 송이 쓸어버리고
난 예전처럼 외로워져 운다

끝없는 바다에 떨어진 낙엽인가
날 닮은 너

아직도 여름날의 기억이 아련한데
그대라는 모닥불은
불그스레 사그라지는 낙엽이 되고

난 발걸음 하나 헛디디면 떨어지는
가을에 걸쳐진 외줄 타는 광대가 된다

덫

긴긴밤을
그리움의 덫으로 놓았습니다
무시로 빠져나오려 몸부림쳐 봐도
깊은 어둠 속에 침잠한 그대 모습은
날카로운 갈퀴 되어
뜨거운 마음 가두어 둡니다

별처럼 수많은 우리의 기억들이
밤하늘을 수 놓아도
떠나가던 그대 뒷모습만 뚜렷이 보이고
허공을 휘저어 손에 잡히는 것은
그리움

이젠 날 놓아줘도 될 텐데
이젠 날 부르지 않아도 될 텐데
아쉬움만 차곡차곡 쌓여
응어리진 아픔이 됩니다

아침은 왜 그리 더디 오는지요

잊음

슬픔이 억수로 퍼붓는 날
아파서 비를 맞으며
새 한 마리 나뭇가지에 앉았다

언젠가 나도 너를 잊을 날이 오겠지
비바람 몰아치는 날 나뭇가지에 앉아
그냥 너를 잊을 때가 있겠지
빗물에 씻겨 소리치며 흘러가는
너를 볼 때가 있을 거야

그날은 맑은 날이면 안 돼
바람 불어 남은 너의 향기마저 날아가고
비에 씻겨 남은 너의 잔영마저 흘러가야 해
영영 돌아올 수 없게

아픔이 미친 듯이 흔들어도
슬픔이 억수로 퍼부어도
심장에 새겨진 너

안개비

나는
비를 맞고 가는 나그네다
머무를 곳 없이 떠다닌다

안개 짙은 한갓진 길
여기쯤일까
그대 떠난 자리 찾지 못해
주위를 서성이고

모질게 쌓이는 안개는
그리움이겠지

하릴없이 창문만 여닫아
비를 불러 보아도
저만치 멀어진 당신

안개비가
슬픔으로 내리꽂힌다.

그날이 오면

끝이 있을까

돌밭에 발길 채이고
가시덤불에 찢겨 아파
날은 어두워 점점

그래도 가야 할 길 같은데
그저 손 뻗어 어슴푸레한
하루를 쥐고 있지만
내일의 해가 두려운 건
가야 할 길이
견뎌야 할 어깨가
땅 디딘 발걸음이 시리기 때문

언젠가는 끝이 오겠지
파아란 하늘 가르는 그날
가슴 터져라 노래할 그날
나와 부둥켜안고
따뜻한 눈물 흘릴 그날이

정

비가 오면 새싹이 올라오고
날카로운 가위로 잘라낸다
맑은 날도 새싹이 올라오지만
벼려진 칼로 도려낸다

때때로 또 다른 새싹이 올라온다
그대로 두어 자라서 피워낼
찬란한 꽃을 보고 싶어도 잘라야 한다
사막에 홀로 핀 꽃은
어차피 외로우니까

모든 것이 얼어버리는
나의 겨울은 언제 오려나

외로움 소복이 쌓이던 날
슬픔이 뭉쳐 너가 되었다

안개

네가 보이지 않아
어렴풋이라도 보였으면
지난밤 꿈처럼 행복 할 텐데

응어리진 가슴 흩어 뿌려봐도
소리 한 움큼 내던져 봐도
흐르는 눈물 감출 수가 없네

언제쯤일까 안개 걷히고
너 다시 마주할 날이

수많은 사람 오가도
셀 수 없는 대화들이 소용돌이쳐도
모두 타인인 것을

한 번만 더
너의 숨결 가까이 느낄 수 있다면
너의 목소리 바람처럼 지나도
꽃향기 그리는 나비가 되어
그 바람 타고 흐르고 싶네

아직도 난 네가 보이지 않아

먼

세월이 먼지처럼 쌓여
식탁사이 만큼이나 멀어진 우리
다리 놓을 수 없는 천길 낭떠러지
아득하게 깊이 파인 골
뛰어 건널 수 있겠지만
절벽만 보고 앉았다

식탁 건너 무심한 당신
꽃피워 향기 내려 했는데
나무 되어 건널 다리 될 것을

뒤돌아 가보려 하지만
그대 없이 갈 수 있을까

저녁노을 눈에 흐르고
어스름 어둠위에 걸터 앉았다
수많은 언어들의 춤사위
허무함으로 사그러들면
이제 곧 밤이 오겠지

제4부

밤은 밤으로
낮은 낮으로
나는 나대로

설렘

시절은 입동 지나 소설인데
갓길이 숲길로 이어지는 바위틈새
계절 잊은 철쭉이 함초롬히 피어나
꽃망울을 터뜨렸습니다

꽃은 바람에 흔들리고
내 마음은 님 본 듯 흔들립니다

꽃잎에 얼굴 대어보니
설레는 기다림 감추지 못하고 피어난
뛰는 가슴 느껴집니다

내일 눈 내려 꽃을 덮을지라도
님 보는 내 마음은
대장장이 달아오른 쇳덩이 망치질하듯
마구 두드립니다

님이여
나도 계절을 잊어버립니다
세상 모든 것은 눈 밖에 나고
날짜 잊고 가슴에 피어난
님의 꽃송이만 보입니다

비와 그리움

비가 오는 저녁 어스름
그대가 서 있을 그곳
그대가 바라보고 있을 그곳
나 거기 있을게

내리는 비가 나를 가둘 수 없네
그대 향한 나의 마음
빗줄기 속 어렴풋이 보이는
그대의 아름다운 모습
나 그대에게 흠뻑 젖어
비와 함께 곁에 가고파

무심한 비가 끝없이 내려도
바다가 일어서 나를 막아도
산이 절벽을 지어 내어도
나는 빗속을 걸어
그대에게로 가네

그대가 서 있을 그곳으로
그대가 바라보고 있을 그곳으로

만남

언덕 올라
하늘길 가면
구름을 만날 수 있습니다

산골짜기 따라 흘러가면
바다를 만납니다

나 그대 만남은
그렇게 되어집니다

양떼구름 아래 배 한 척 머물던
잔잔한 바닷가 찻집은
이야기 한껏 묻어난 추억이
꿈으로 쌓여
그리움으로 피어났습니다

구름도 바다도 그리움이
그렇게 되어 갑니다
기다림으로

낙엽

내일
살을 에는 겨울 삭풍 불어와
서글픈 삶이 말려 날아가도
아무도 눈길조차 주지 않는
휑하니 남은 가지만 허무해도
오늘
삶의 가장 화려한 단풍으로
치장하렵니다

내일
견딜 수 없는 이별의 아픔이 다가와
눈물로 낙엽 떨군다 해도
오늘
당신을 두 눈에 가득 담고
가슴 부푼 하루로 살고 싶습니다

아무것도 남을 것 없는 삶이
허허롭게 다가오겠지요
발밑까지 다가온 버려진 시간들이
슬프겠지요

그래도
난 오늘을
가슴 뜨겁게 마주하고 싶습니다
당신이 있기에
당신은 나의 가장 찬란한 마지막이기에

기다림

나 그대 기다리는 것은
그대가 지금 여기 없어서가 아닙니다
노을 머금은 저녁 식사가 기다려져서도 아닙니다
슬프게 즐겁게 노래할 목록이 궁금해서도 아닙니다
아름답고 편한 옷 입은 그대가
숨 막히게 벅찬 상상으로 다가와서도 아닙니다

그저
그대의 숨결이 닿고
눈길이 닿고
손길이 닿은 곳들이, 것들이
이야기들과 함께 쌓여
그 속에서 내가
가슴으로 숨 쉴 수 있을 걸
알기 때문입니다

그냥

아무렇지 않게
그냥 그대가 고맙다
들꽃 피어난 웃음 웃어주는
새벽 놀 마주하고 앉은 아침

하늘이 겨울 정원
한 줄기 바람으로 내려
햇볕 눌러 담은 짙은 채색

호숫가 꽃으로 피어나
흰 나래짓으로 길 가려나
그래도 갈 수 없는 나라

반짝이는 동화 흩뿌리면
풀어놓은 구름이 미어진다
따라 흐르던 배 한 척
가을바람 빈 가슴에 머물러

그대가 그냥

고마워라

길 가다 마주친 그대
멈춤 없는 발걸음은
그대와 멀어져 가는데
눈길은
마음은
길 위에 붙박이 되어
아무리 잡아끌어도 움직이지 않네

저녁놀이 가슴에 파묻혀
붉은 숨 내쉬고
그대가 보이는 세상
어찌 이리 아름다울 수 있을까

지나는 순간들 아쉬워
발 동동 굴러도 해는 지고

이제 당신을 묻고 피워내
꿈길을 걸어갑니다
길이 없어도
꿈이 있기에
오늘은 행복합니다
고맙습니다

그대에게

삶이 아프고 지칠 때
기대어 울 수 있고 같이 울어 줄 사람

기쁘고 행복할 때
같이 입 크게 벌려 웃어 줄 사람

세상이 모두 외면 해도
그대 곁에 있을 단 한 사람

천둥 번개 내리쳐도
피뢰침 되어 막아 줄 사람

지나간 아픈 상처
어루만지며 품어줄 사람

그게 나야

봄 마중

순이야
언덕에 벚꽃 흐드러져 피면
벚꽃 저고리 새싹 치마 입고
같이 봄 맞으러 가자
해맑게 고운 얼굴 쪽빛 바다로 물들면
부푼 가슴 하늘에 띄워 보내 볼까

실타래같이 얽힌 상념은 던져두거라
시절은 그것 없이도 봄이 오니까

어제 불던 불쌍한 찬바람 잊어버려라
詩가 아파하고
음악이 예술이 발 디딜 틈도 없이
조그만 상자에 갇혀도
슬픔이 넘쳐흘러 두 뺨을 타고 내려도
봄 맞으러 가자
그것 상관없이 봄이 오니까

속속들이 썩고 문드러진 땅에서도
꽃이 피니까
너를 사랑하니까

제5부

수필

최병식 시집

살맛 나는 세상

  계절은 능청맞기 짝이 없다. 언제 더웠냐는 듯 시침 뚝 뗀 하늘은 열 걸음 위로 물러나 높아지고, 대낮인데도 바람이 선선하다. 점심시간 무렵, 수원시청 앞에 많은 사람이 서로를 쳐다볼 틈도 없이 바삐 오갔다. 도시의 따사로운 가을볕은 나의 발걸음을 잡아끌어 길가 한가로운 돌의자에 앉혔다. 게슴츠레한 눈으로 가슴 깊이 한껏 가을을 채워 넣고 있는데 앞을 가로지르는 노란색 보도블록을 따라 그림자가 멈칫멈칫했다.
  설핏 실눈을 뜨고 보니 햇살을 등지고 선 젊은 사내가 지하철이 어디냐고 물어본다. 한갓진 내 모습을 시샘하듯 물어보는 그가 무척 못마땅했다. 그도 그럴 것이 가까운 발치에 지하철 표지판이 큰 글씨로 쓰여 있었기 때문이다. 나는 귀찮은 듯 턱으로 표지판을 가리켰지만, 굳이 손을 들어 가리켜 달라는 게 아닌가. 순간 짜증이 났다. 마치 일부러 내게 시비를 거는 것 같았다. 언젠가 뉴스에서 힘이 약한 노인들에게 일부러 시비를 걸어 자신의 욕구를 충족시키는 사람들이 있다는 것을 들은 적이 있었다. 한마디를 해야 하나 망설였지만, 따뜻한 가을볕의 감흥을 깨기 싫었다.

손을 들어 지하철 입구를 가리켰지만, 내 입에서 나온 언어는 가을 햇살에 녹은 따뜻한 말 대신 가시 돋친 언성으로 변해 있었다. 눈을 반쯤 감은 채로 손을 들어 저기 보이지 않느냐고 귀찮은 듯 큰 소리로 말했다. 큰 목소리 때문인지 그는 흠칫하더니 "죄송합니다. 저는 아주 가까운 거리만 볼 수 있습니다."라며 작은 목소리로 말했다. 거듭 그는 고맙다는 말과 함께 겨드랑이에 보일 듯 말 듯 끼워 놓았던 흰 지팡이를 꺼내었다. 길게 늘어뜨린 지팡이로 노란색 보도블록을 더듬으며 지하철역 입구를 향해 가는 남자. 그제야 정말 그가 앞을 잘 보지 못하는 시각 약자인 것을 알게 되었다.

어정쩡하게 반쯤 몸을 일으킨 나는 화려한 초가을의 햇살도 잠시 잊은 채 멍해졌다. 그저 햇볕 쬐기를 잠시 방해받은 것뿐이었다. 그런데도 그의 처지를 알지도 못하면서 도움을 바라는 그를 향해 짜증부터 낸 나 자신이 너무 한심스러웠다. 생각할수록 나의 언사가 못마땅했다. 밀려오는 뒤늦은 후회와 함께 혹시라도 그가 잘못해서 넘어지기라도 하면 어쩌나 걱정이 되었다. 그를 바짝 뒤따르기 시작했다.

그가 계단을 다 내려갈 즈음, 맞은편에서 20대로 보이는 젊은이가 그에게 다가왔다. 그는 어디까지 가는지 묻고는 도와

드리겠다고 했다. 젊은이는 흰 지팡이를 잡은 반대편 팔을 가볍게 잡았다. 그러고는 지하철 카드 인식기 앞에서 카드를 쥔 그의 손을 잡아 인식기에 대어 주고 통과시킨 뒤 여전히 팔을 잡은 채 안으로 사라져 갔다.

 나는 가슴이 뭉클했다. 따뜻한 가슴을 지닌 젊은이의 아름다운 뒷모습이 자꾸만 눈에 밟혔다. 다들 삭막한 세상이라고 하지만 아직은 살맛나는 세상이로구나라는 생각이 들었다. 살맛나는 이 세상에 함께 하지 못한 나를 돌아보며 계단을 힘없이 올라왔다. 가을볕은 조금 전 그대로였지만 따사로운 가을 햇살이 나를 부끄럽게 만들었다.

빌어먹는 언어

영어에 미숙한 내가 처음으로 미국 사는 아들 집에 갔다. 조금은 어색하고 겁났었지만, 그래도 그 동네는 인종차별 없이 백인들이 친절한 동네라고 했다.

며칠 지난 뒤 집 앞에서 만난 이웃집 사는 마크는 내게 살갑게 아는 척하면서 이름을 물어왔다. 나는 미국식으로 '병식 최'라고 했더니 철자(spelling)가 어떻게 되느냐고 되물어 오는 게 아닌가. 순간 깜짝 놀랐다. 내 이름을 분명한 발음으로 소리 내었건만 철자를 묻다니. Byung라고 했더니 '바이엉'으로 읽는 것이었다. 나중에 어떤 이는 '부잉'이라고도 하고 '비엉'이라고도 읽었다. 미국에 있는 동안 딱 한 번 외에는 '병'이라고 발음하는 사람을 만나보지 못했다. 물론 내가 적절한 스펠링을 사용하지 못했을 거란 추측이 든다. 그렇지만 한글은 글자를 소리 낼 때 서로 다르게 발음하는 경우는 없다.

알고 보니 영어는 소리가 글로 쉽게 표현이 안 되는 것이었다. 그뿐만 아니라 쓰인 글자조차 발음이 서로 틀리는 경우가 부지기수라는 것을 그때 알았다. girl이라는 쉬운 단어도 미국식 발음, 영국식 발음, 뉴질랜드식 발음, 남아공 발음이 틀린다. 글자는 있는데 제대로 읽을 수가 없는 불안정한 언어를 사용하는 미국인들이 불쌍하다고 생각되었다. 오죽하면 철자법 맞추기 경연대회(spelling bee)가 국가적으로 열리겠는가. 여기서 우승한 아이는 영웅 대접을 할 정도로 철자가 힘들다는 것이다. 영어는 오랜 기간 동안 서로 다른 지방에서 발음법이 틀리게 발전했다는 변명을 생각할 수도 있다. 그렇기에 한글에 비한다면 불안정한 언어로 발전한 것이다.

나는 마크에게 손짓, 발짓을 섞어가며 한국에서는 아무도 이름이나 지명 그 어떤 것도 철자를 알려줄 필요가 없고 모든 국민이 다 똑같이 듣는 대로 적을 수 있다고 했더니, 눈이 왕방울만 해졌다. 그게 어떻게 가능하냐고 내게 되물었다. 게다가 그 글자를 오백여 년 전 한 왕이 만들었고, 그 이후로 모두 한글을 사용한다고 했더니 눈이 접시만큼 커지며 믿을 수가 없다고 했다. 세계사에 유래가 없는 한글의 자랑이다.

의기양양해진 나는 집에 돌아와 대학 다니는 아들에게 노랗다가 영어로 뭐냐고 물었다. yellow라고 답했다. 그러면 누르스름하다는? yellowish??(그나마도 틀렸다). 또 물었다. 노릇노릇하다는? yellow yellow??? 표현할 수 없단다. 수많은 단어를 세밀하게 표현할 수 있는 한글이 있어서, 시나 수필이

문학이 더 아름다워진다고 생각하니 가슴 뿌듯했다.

한글은 누가 뭐래도 세상에서 가장 훌륭한 언어이다.

첫째, 발음과 글의 연결이 명확하다. 물론 예외가 존재하기는 하지만 다른 나라 언어보다 훨씬 적고 어렵지 않다.

둘째, 배우기가 너무 쉽다. 미국에 있는 한글학교에서 미국 아이들에게 '가나다라'를 몸으로 표현하며 가르쳤는데, 한 달 안에 대부분 아이들이 뜻은 몰라도 글을 더듬더듬 읽기 시작하는 것을 보고 너무 놀란 적이 있을 정도로 쉽다.

셋째, 표현 방법이 다양하다. 앞서 색의 예를 든 것처럼 자세하고도 다양한 표현 방법들이 존재 한다. 더구나 한자의 영향을 받아서 단어가 여러가지의 의미를 가진다. 다시 말하면 깊이가 있다는 말이다. 실제로 영시보다는 한국시가 훨씬 깊고 풍부한 의미와 뜻을 전달한다. 영시는 한글로 번역이 쉽지만 한국시는 영어로 한글의 의미를 느끼게 하기가 엄청 힘들다.

그 외에도 많은 것들이 있겠지만 언어학자가 아닌 평범한 내가 느낀 것이 이 정도이다.

한국에 돌아와서 그전에는 내게 눈에 띄지 않던 수없이 많은 외국말 간판들, 언론사에 도배된 영어 표현들, 아무렇지도 않게 일상적으로 사용하는 줄임말 등, 이 모든 것들이 우리가 한글을 학대하고 무시하고 있는 거라는 생각이 들면서 소름이 돋았다. 왜 한글로 표현이 가능한 단어를 영어로 사용해야 할까? 심지어 대화 중에 영어를 섞어 쓰면 좀 있는 사람처럼 보인다고 생각하는 사람들이 있다. 정말 창피하고 부끄러운 일이다.

　우리는 6.25를 겪으며 너무 가난하고 배고파서 외국인들이 주는 밀가루와 식료품을 체면이고 뭐고 다 팽개치고 살기 위해 빌어먹었다. 미군들이 주는 초콜릿 하나 받아먹으려고 얼마나 따라다녔던가. 지금도 같은 현상이 행해지고 있다. 이제는 대화에서, 언어에서 훌륭한 한글을 점점 팽개치고, 짓밟고 영어를, 외국어를 빌어먹고 있다. 프랑스인은 외국인과 대화할 때 영어를 알아들으면서도 불어를 고집한다고 들었다. 우리도 외국인과 대화할 때 영어를 알아도 한글로 답해보자. 외국인이 우리나라를 방문 하려면 적어도 한글을 배우고 와야 한다는 것을 알려주자. 하긴 인공지능이 생긴 이래 휴대폰이 번역을 대신 하겠지만.

　어려운 시절 호롱불 아래 야학을 운영하며 한글을 가르친 선배님들, 일본의 무자비한 한글 말살의 짓밟힘에도 목숨 걸고 의연히 맞섰던 열사님들, 저희는 정말 부끄럽습니다. 당신들이 모든 것을 걸고 지키려 했던 세계적으로 으뜸인 한글을 이렇게 하찮게 대하고 있습니다.

　오늘도 언어의 가난을 스스로 만들어가는 우리 사회를 마주한 나는 이 가난을 극복하기 위해 뭘 해야 하나. 언제까지 우리는 빌어먹을 수밖에 없는 걸까.

6월의 첫눈

그녀가 아무런 느낌 없이 툭 내뱉었다.
"첫사랑은 첫눈처럼 금방 녹아버린대."
사막 한가운데 머무를 곳 없는 메마른 바람이 흩어 지나간다.
마치 나와의 관계를 예견한 듯한 뜬금없는 한마디는 그날 내내 나의 머릿속을 떠나지 않았다. 유난히 데이지꽃을 좋아하던 그녀는 하얀 데이지꽃처럼 아름다웠고 미소는 항상 싱그러웠다.
언제부터인가 그녀와의 관계가 소원해지던 어느 날, 길 건너편 카페에서 턱선이 강하고 신체가 다부진 한 남자와 다정하게 나오는 그녀를 보고 말았다. 순간 내 발걸음과 함께 모든 세상은 멈추어 버렸다. 하늘에 흐르던 구름도, 도로를 내달리던 버스와 승용차들, 거리를 지나는 모든 사람까지. 움직이는 것은 그녀의 환한 웃음과 다정하게 팔짱을 낀 그들의 발걸음뿐이었다. 나의 몸은 발바닥부터 굳어져 가고 온몸은 마치 석고상처럼 단단해져 움직일 수가 없었다. 제발 그녀가 초라해진 나를 발견하지 말기를 기도 하고 서 있었다. 현실이 아니기를, 곧 깨어날 꿈이기를 바라면서 나를 위로하려 노력했지만 마치 굵은 글씨체로 각인된 문장처럼 그들은 나의 심장을 멈추게 만들고 점점 멀어져갔다. 그날 이후 아무렇게나 내팽겨쳐져 실타래처럼 엉켜버린 기억들은 도무지 시작점을 찾을 수가 없었고 생각할수록 가슴만 조여 왔다. 매일 밤은 부스러져 여기저기 흩어진 채로 서성거리다가 붉음을 안고 새벽을 맞이했다.

  날짜가 며칠이 지났는지 모르는 날들이 지나갔고 마침내 마음을 다잡고 연락했지만, 그녀는 바쁘고, 아프고, 피곤하고, 힘든 날만 연이어져 갔다. 너는 내 삶에 처음 둥지를 튼 가냘픈 새 한 마리였는데 눈길조차 주지 않은 채 날아가 버렸다. 남은 빈 둥지를 바라보며 매일 매일 끝없는 나락으로 떨어져 가는 나의 삶이 너무 불쌍해서 견디기 힘들었고 밤마다 동전만 한 외로움이 목에 걸려 숨을 쉴 수가 없었다.

  마른 나뭇잎이 하염없이 떨어져 땅에 구르던 가을. 숲속 한 자락마다 가을빛 어른거리며 머무는 어느 날, 여름이 가을 속으로 숨어버리듯 어딘가에 숨어버리고 싶었고 결국 나는 군대에 자원입대하였다. 모든 것이 잊히리라 생각했고 날이 가면 계절이 저절로 지나가듯 사랑도 그리움도 지나갈 줄 알았던 기대는 나에게 조금도 연민의 정을 남기지 않고 빗나갔다. 그해 겨울에도 어김없이 내린 첫눈은 연병장을 하얗게 뒤덮었고, 모든 사물의 경계를 무너트렸다. 현실의 경계조차 허물어버린 첫눈은 나에게 닥친 현실을 미지의 세계로 이끌어 갔다. 더 이상 나는 거기에 없었고 첫눈은 영원해야만 했다. 첫눈은 절대 쉽게 녹지도 없어지지도 않는 거라고 소리치고 있었다. 하얀 세상은 그녀와 서로 맞잡았던 손처럼 따스한 솜이불이 되고 있었다.

급기야 내린 눈을 치우라는 상관의 명령을 거부하여 나는 엄청나게 두들겨 맞았다. 그뿐 아니라 부대원들이 내린 눈을 치우는 동안 연병장에서 따로 얼차려를 받아야 했다. 떨어지는 송이송이 눈송이들이 찬바람에 흔들리며 내 눈썹 위로 쌓이면서 눈 주위를 따라 녹아 흘러내렸다. 나는 그 눈이 녹지 않기를 간절히 바랐지만 주체하지 못하고 흐르는 눈물에 섞이면서 녹아내렸고 두들겨 맞은 육체적인 아픔보다 내리는 첫눈이 그리움으로 범벅이 된 심장에 꽂혀서 조각내는 아픔은 세상의 마지막처럼 견딜 수 없는 고통이 되었다.

사내놈이 그거 하나 참지 못하고 울면서 눈 치우는 것을 못하겠다고 거부하는 만용은 어디서 나왔을까. 빈정거리는 선임의 말조차 아무런 의미 없이 허공을 맴돌고 있었다. 시간이 지나면서 두들겨 맞은 상처는 아물어 갔다. 그렇지만 다음날 녹아버린 첫눈이 주고 간 아쉬움은 군 생활을 더없이 힘들게 만들었다.

  제대 후 청첩장도 받지 못한 채 친구를 통해 그녀가 결혼한다는 소식을 들었다. 가보고 싶었다. 데이지꽃같이 하얀 웨딩드레스를 입고 행복해하는 그녀를 미치게 보고 싶었다. 세상 누구보다 아름다울 그녀의 자태는 상상만으로도 나를 행복하게 했다. 그러나 나를 가지 못하게 가로막는 수만 가지 이유는 철조망에 돋아난 가시처럼 나를 막아섰고 아무렇게 자라난 덤불처럼 나의 발을 묶어 놓았다. 길가는 아무 여자라도 붙들고 결혼하고 싶어졌다. 그렇게 해서라도 처절하게 황폐해져 버린 나를 벌할 수 있다면 그 무엇이든 감내할 수 있을 것 같았다. 그때 나는 알았다. 가슴에 내렸던 첫눈은 사시사철 절대 녹지 않는다는 것을 말이다. 손 한번 변변히 잡아보지 못했지만, 여름의 뜨거운 태양조차 감히 녹일 수 없는 가슴 떨리는 아름다움인 것을.

  올해 유월은 유독 가물었다. 다행히 간간이 내린 비로 천변에 데이지꽃이 하얗게 무리 지어 피어나 바람에 흔들거린다. 바람을 타고 연한 데이지 향이 나를 감싼다. 매년 그랬듯이 코끝이 찡해지기 시작한다. 첫눈은 금방 녹아버리지만, 첫눈의 아름다움과 설레는 마음은 절대 녹지 않는다는 걸 왜 그녀는 몰랐을까. 작년에 내린 첫눈이 녹아서 땅을 적시고, 스며든 물은 데이지꽃을 이렇게나 예쁘게 피우고 있는데 말이다.

  그녀와의 인연은 아주 오래전 끝이 나 이젠 얼굴조차 희미

해졌지만, 하얀 데이지꽃이 피는 6월이 되면 나는 또다시 열병을 앓는다. 무심하게 툭 던지며 결론지어 버린 첫사랑에 대한 그녀의 말. 어디선가 바람같이 그녀와 스친다면 말해주리라. 해마다 하얀 꽃이 일렁이는 6월이 되면 가슴속에 흰 눈이 내리더라고.

첫눈처럼 떠나간 사람의 하얀 미소가 바람에 일렁인다. 행복해라.

추천의 글

6월의 첫눈

최병식 시집

그의 '첫'을 읽다

이 양 주

첫 마음. 첫사랑. 세월이 흘러도. 세상 풍파를 겪으면서도 '첫'을 지키려 하는 자는 행복할까. 내가 최병식을 처음 보았을 때 날것이란 단어가 떠올랐다. 쉽게 물들지도 함부로 타협하지도 않는, 공식을 거부하는 사람이라는 느낌이 들었다. 외롭겠구나. 자유롭겠구나. 위태롭겠구나.

그가 인생의 첫 시집을 만들고 싶다며 순서도 정하지 않은 초고를 건네주었다. 오래된 사진기로 한 장 한 장 찍은 마음의 앨범이란다. 차례도 형식도 퇴고도 중요하지 않으며 오직 자신의 언어로, 자신에게 선물하는 것으로 만족한단다. 그는 안다. 자신을 가장 잘 아는 이도 사랑하는 이도 바로 자신이라는 것을.

그가 나를 찾은 것도 공식을 벗어난 것이라 생각한다. 가볍

추천의 글

게 움직이는 그가 아니므로 순수한 그의 결정을 응원해 주고 싶었다. 그렇게 나는 그의 미리 읽는 독자가 되었다.

그는 시 앞에 진실하며 정녕 시를 사랑한다. 시 쓴다고 잘난 체하거나 이익을 보려는 마음도 없으며, 시에게조차 눈치 보지 않고 당당한. 최병식은 그야말로 시인이다. 이 시집을 건네받은 이는 그가 평소 즐겨 부르는 노래와 기타 연주와 바이올린 소리를 함께 하듯, 눈과 귀를 열고 마음으로 그의 시를 들어주기 바란다.

'첫'

시집 제목 '6월의 첫눈'. 유월에 눈이라니. 그것도 첫눈이라니.
'첫'을 잃어버리지 않은 남자. 해마다 최병식의 유월엔 첫눈이 내린다. 젊은 날 그의 첫사랑은 가슴 속에 첫눈으로 남아, 그녀를 닮은 하얀 데이지꽃이 피는 유월이 가까워져오면, 서서히 눈은 녹아 땅을 적시어 그때처럼 첫눈으로, 꽃눈으로 피어난다.
대부분의 사람들은 첫사랑의 기억은 희미해지거나 그 감각을 잃어버린다. 그가 첫을 아직도 간직하고 있는 것은 단지 첫사랑이기 때문일까.

  가장 순수하고 진실했던 자신, 안에만 있던 자신이 밖으로 나와, 사랑에 힘입어 한 번도 느끼지 못한 자아를 발견했기 때문이 아닐까.

  그는 늘 첫머리에 서 있다. 첫을 그리워하며. 그는 사방에 대고 돌아가는 길을 묻고 또 묻고 있다.

> 사방은 어두워 추운데
> 콘크리트 바닥에는 발자국이 찍히지 않아
> 돌아가는 길을 찾을 수 없었고
> 나는 옛 곳을 그리워하는
> 미아가 되었습니다.
>
>   - 〈미아〉 2연 중에서

  누군가 웃어준다면, 그 길은 눈앞에 열릴 텐데.

  그는 달과 꽃과 나무와 바다와 바람과 또 사람과 수많은 교신을 하며 전언을 기다린다.

> 눈물은 홍수에 둑 터진 강물처럼 흐르고
> 마침내 점자를 해독해냈습니다.
> 사랑
>
>   - 〈점자〉 마지막 연에서

추천의 글

그가 사랑을 해독해 냈다. 누군가 그에게 다가오고 있으며 그도 가고 있음이다. 마침내 무수한 '첫'을 찾았을까. 그의 순수와 사랑의 첫은 진행형이다.

그가 웃기를. 사시사철 그에게 첫눈이 꽃눈이 내리기를. 두 번째 시집엔 공식과 비공식의 경계를 더 자유로이 넘나들기를. 보다 많은 세상의 '첫'을 발견하여 독자에게 선물해 주기를. 첫 시집을 안은 그의 가슴에 하얀 데이지 꽃다발을 한 아름 안겨주고 싶다.

이양주 수필가, 시인
- 수필미학문학상 수상
- 작품집 『관(觀) 치(治) 농(弄)』

6월의 첫눈

발　행 | 2024년 11월 21일 초판 1쇄 발행
저　자 | 최병식
대　표 | 정현정
편　집 | 권서용, 장윤이
기　획 | 정현숙
총　무 | 최재연
재　무 | 최현정
홍　보 | 김평봉
마케팅 | 정현석
디자인 | 정현주
사　진 | 정현영
펴낸곳 | 메타노이아
경남 거제시 하청면 유계3길 36-5
T. 010-2717-2539
편집·디자인 | 디자인앤 T. 051)852-0786 E. trendup@hanmail.net

ⓒ 최병식 2024　　ISBN 979-11-989675-1-0 (03810)
정 가 / 12,500원

※ 이 책의 무단전재 및 복제행위는 저작권법에 의거, 처벌의 대상이 됩니다.